AF224385

127n
20537

NOTICE

SUR

LA VIE ET LES OUVRAGES

DE M. DE VILLIERS DU TERRAGE.

Par M. ALFRED MAURY, membre résidant.

—

Extrait du Bulletin de la Société impériale des antiquaires de France, 1847, 2e trimestre.

—

MESSIEURS,

Il y a maintenant douze années que vous me chargiez de vous faire connaître la vie de l'un des hommes qui ont le plus honoré notre Compagnie, M. Jollois. En vous rappelant les travaux qu'il avait exécutés en Égypte, je vous disais qu'il était difficile de séparer ses propres ouvrages de ceux d'un de ses compagnons et de ses collègues, M. de Villiers du Terrage, auquel une amitié constante l'avait uni. Je me voyais donc forcé de vous raconter quelques épisodes de la vie de ce dernier, lorsque je n'avais pour but que de mettre en lumière les services rendus par M. Jollois.

J'étais loin de pressentir que cette biographie, en partie esquissée, d'un homme qui était alors plein de force et d'activité et dont le nom seul m'était connu, j'aurais la triste mission de la terminer, et que, douze ans après, je compléterais ma notice sur M. Jollois par la biographie de son ami. C'est que, depuis 1845, M. de Villiers est venu prendre parmi nous la place que son collaborateur y avait occupée, rendant ainsi à notre Société une partie de ce qu'elle avait perdu. Je ne m'étonnerai donc pas que votre choix se soit porté sur moi, Messieurs, quand il s'est agi de louer les mérites de notre nouveau confrère, et tout ce que je regrette, c'est d'apporter dans l'accomplissement de cette tâche la même insuffisance que l'on peut reprocher à ma notice sur M. Jollois.

M. *René-Édouard* DE VILLIERS DU TERRAGE appartenait à une famille distinguée, originaire de Champagne, qui a, durant plusieurs générations, fourni à la France des magistrats et des administrateurs de talent. Il avait vu le jour à Versailles le 26 avril 1780. Son père occupait, dans les finances, un poste élevé et était, au moment où l'orage révolutionnaire emporta l'ancien ordre de choses, premier commis, titre à peu près correspondant à celui de sous-secrétaire d'État. Ces fonctions l'avaient naturellement désigné à la proscription sous le régime de la Terreur, et le jeune Édouard, qui avait perdu sa mère encore fort jeune, resta confié aux soins d'une tante paternelle. Le 9 thermidor rendit la liberté à M. de Villiers du Terrage. Sa parfaite connaissance des hommes et des choses du régime déchu le fit entrer, en 1795, au comité du triage des titres, qui siégeait alors dans l'ancienne abbaye de Saint-Denis. L'ex-premier commis des finances se faisait accompagner de son jeune fils, le seul qui lui restât alors, puisque les plus âgés avaient été contraints par la proscription de s'éloigner de Paris, et il le fit attacher en qualité de surnuméraire à l'administration des archives, où il se trouvait ainsi temporairement employé. Malgré son extrême jeunesse, Édouard de Villiers s'acquitta de sa tâche de paléographe avec une intelligence, un zèle, dont notre confrère, M. Vallet de Viriville, a retrouvé récemment encore des témoignages au dépôt des archives, en parcourant des pièces analysées et cotées de sa main. Mais ce modeste titre ne pouvait constituer un avenir pour un jeune homme studieux, auquel le rétablissement de l'ordre intérieur permettait d'espérer une position moins subalterne. L'oncle maternel du jeune Édouard, M. de Villantroys, était un colonel d'artillerie plein d'instruction, que les chances de la guerre avaient conduit prisonnier en Angleterre, après la défense héroïque de Saint-Florent (Corse). Ayant obtenu, au commencement de 1795, de rentrer dans sa patrie, cet officier fut attaché au comité central de l'artillerie et il se chargea de l'instruction de ses deux neveux, M. Édouard de Villiers et M. Vivien de Châteaubrun. En moins d'un an ses deux élèves furent en état d'être admis à l'École polytechnique. Le jeune Édouard avait même été, préalablement, reçu à l'École des ponts et chaussées, dont l'institution, d'une date plus ancienne, en demeurait encore indépendante. L'École polytechnique était presque la seule voie ouverte alors aux jeunes gens laborieux et bien doués intellectuellement, dont la guerre n'avait pas été la seule éducation : tous ceux qui avaient vu leur position de famille brisée, leur fortune atteinte par la Révolution, trouvaient, dans un concours ouvert au seul mérite, le moyen de reconquérir ce que l'abolition de l'ancien régime leur avait enlevé.

La nécessité faisait ainsi disparaître des distinctions sociales et des préjugés de caste, qui n'eussent pas permis, quelques années auparavant, à plusieurs de ces jeunes gens, de suivre des carrières qu'ils étaient maintenant heureux de se voir assurées. Un même régime d'études nivelait, je veux dire, élevait les intelligences et initiait aux sciences nouvelles, sans distinction de famille ni d'opinion, ceux qu'animaient l'ardeur d'apprendre et le désir de servir le pays. Les corps savants, qui avaient occupé jusque-là, dans l'armée et dans l'État, une place inférieure à ceux où la noblesse tenait trop souvent lieu de toute instruction, reprenaient ainsi le premier rang, et des hommes qui s'honoraient de descendre de noblesse, de robe ou d'épée, ne rougissaient plus de devenir des ingénieurs, des officiers dans les armes que la noblesse avait jusqu'alors dédaignées. Tel fut le cas pour M. de Villiers. Entré à l'École polytechnique en 1706, il n'y avait encore passé que quinze mois, quand la nouvelle se répandit de l'expédition hardie que le général Bonaparte préparait en Égypte.

Le jeune de Villiers, impatient d'entrer dans la carrière
et mûri par plusieurs années d'épreuves, sollicita avec un
certain nombre de ses camarades l'honneur de faire partie
de cette mémorable expédition. Les hasards et les nou-
veautés d'une guerre entreprise dans des conditions si dif-
férentes de celles que la France soutenait depuis six années,
souriaient à sa jeune imagination : l'Égypte était un champ
entièrement neuf, où les ingénieurs trouveraient à chaque
pas des sujets d'études et des sources d'observations, où
les ruines ne rappelaient que d'antiques traditions et de cu-
rieux récits, tandis qu'à celles de la France s'attachaient,
pour lui, tant de douloureux souvenirs. Le jeune de Villiers
fut agréé. Le 20 avril 1798, il quittait Paris dans la voiture
même qui emportait Fourier et Berthollet, allait s'embar-
quer à Toulon, le 12 mai, sur *le Franklin*, et le 4 juillet
il débarquait à Alexandrie. C'est en Égypte même, à la
veille de la sanglante révolte du Caire, que M. de Villiers
subit ses examens de sortie de l'École polytechnique. Les
plus illustres professeurs de cette école appartenaient en
effet à l'expédition : Monge et Berthollet continuaient en
quelque sorte, aux bords du Nil, l'enseignement qu'ils
avaient fondé à Paris. M. de Villiers fut nommé ingénieur
des ponts et chaussées le 3 novembre 1798, et immédiate-
ment employé à l'armée de Syrie, comme officier du génie.
Mais il n'alla pas au delà de Péluse. Ayant perdu son che-
val et ses bagages, il fut contraint de revenir au Caire et
ne tarda pas à partir, avec le général Desaix, pour la haute
Égypte. Retenu longtemps à Syout, où l'armée se trouvait
en proie aux fièvres, aux ophthalmies et à mille difficultés,
notre confrère, qui avait dès lors uni ses efforts à ceux de
M. Jollois, utilisa ce séjour forcé, en levant les profils de la
vallée du Nil et en préparant les éléments nécessaires pour
calculer le volume des eaux du fleuve. Je vous ai fait connaître, dans ma notice sur M. Jollois, le courage dont les
deux jeunes ingénieurs firent preuve pour parvenir à dessi-
ner le zodiaque circulaire de Dendérah ; je ne reviendrai

pas sur cette belle page de leur vie commune, que je prie seulement mes confrères de vouloir bien relire, pour se faire une idée du mérite de leur entreprise [1].

Je ne suivrai pas davantage les deux collaborateurs à Esneh, où ils trouvèrent aussi un zodiaque, à Philes, à Ombos, à Edfou. Je me bornerai à noter ici que le zèle archéologique de MM. Jollois et de Villiers leur valut quelques reproches de leur ingénieur en chef, M. Girard, un savant physicien qui ne comprenait pas que ce n'était point des travaux d'art destinés à disparaître, les opérations d'une occupation éphémère, mais les études archéologiques qui feraient la gloire de l'expédition.

Revenus à Thèbes, nos deux ingénieurs se hasardèrent avec une escorte de six hommes seulement, et à quinze lieues de tout poste français, à lever le plan et à préparer la description des immenses ruines de cette ville, ou plutôt des quatre villages qui l'ont remplacée. Entre autres monuments qu'ils découvrirent, je signalerai surtout le tombeau d'Aménophis III. Leur travail de relèvement dura plus de six semaines et ne fut achevé qu'en septembre 1799. Ils furent bientôt rejoints par une commission nombreuse, spécialement déléguée pour compléter leur œuvre, et ils se trouvèrent naturellement associés à cette commission, qu'ils accompagnèrent à son retour au Caire. M. de Villiers reprit alors des travaux plus exclusivement propres à ses attributions. Placé sur sa demande sous les ordres de M. Fèvre, ingénieur en chef, il fut chargé du nivellement de l'isthme de Suez et fit partie de la brigade qui devait remonter la vallée du Nil jusqu'au Méqyâs de Raoudâh, pour rattacher à ce point du fleuve les résultats des deux premières opérations entre Suez et Mouqfâr. En janvier 1798, M. de Villiers, de concert avec M. Girard, se rendit à Suez, suivit la route directe par la vallée de l'Égarement et releva les positions de plusieurs points entre le Nil et la mer Rouge.

[1] Voy. les *Mémoires de la Société*, t. XVIII, p. xix et suiv.

Ce travail s'exécutait au milieu des opérations militaires qui précédèrent la bataille d'Héliopolis, par conséquent dans des conditions qui en augmentaient singulièrement la difficulté.

Après s'être acquitté de cette tâche, notre confrère reprit ses nivellements sur les bords du fleuve et fit sur la composition de ses eaux et ses inondations périodiques des observations précieuses.

Elevé au grade d'ingénieur ordinaire de seconde classe, le 6 octobre 1800, il était chargé du district de Belbeys, dans la basse Égypte, dont il leva le plan avec un de ses collègues, M. Viard, et partait en novembre de la même année, avec MM. Girard et de Chabrol, pour faire une exploration des lacs Amers.

En juillet 1801, l'armée décimée par la peste, se vit forcée d'évacuer le Caire et de se replier sur Alexandrie; enfin, la bataille de Canope (21 mars 1801) ayant décidé du sort de l'Égypte, M. de Villiers dut rentrer en France : il s'embarqua le 26 septembre, et le 18 novembre il touchait le sol de la patrie.

Ici commence une seconde phase de la vie de notre confrère. Après avoir, au péril de sa vie, recueilli les éléments d'une description des lieux visités par lui en Égypte, il va se consacrer à la rédaction et à la mise en œuvre des matériaux qu'il a rapportés. Le général Kléber avait fait décider, au Caire, la publication des travaux de l'expédition. Le premier consul sanctionna cette heureuse idée. Une commission fut créée pour rédiger l'ouvrage dans lequel devaient trouver place tant d'informations et de mémoires de toutes sortes. Cette commission fut élue par l'assemblée générale des membres de l'expédition, et M. de Villiers, ainsi que M. Jollois, son collaborateur, en firent naturellement partie. De 1802 à 1806, les deux ingénieurs, dispensés provisoirement du service actif des ponts et chaussées, se consacrèrent tout entiers à cette tâche; aussi leur devons-nous les mémoires importants dont les titres suivent : *Description d'Es-*

neh et de ses environs[1]; — *Dissertation sur la position géogra-
phique et l'étendue de Thèbes*[2]; — *Description des monuments
astronomiques découverts en Égypte*[3]; — *Description des antiquités de Dendérah*[4]; — *Notice sur les ruines de Keft et de
Quous*[5]; — *Description de Syout et des antiquités qui parais-
sent avoir appartenu à l'ancienne ville de Lycopolis*[6]; — *Re-
cherches sur les bas-reliefs astronomiques des Égyptiens*[7]. Un
seul mémoire a été composé par M. de Villiers sans la collaboration de son ami, c'est la *Description des antiquités
de l'isthme de Suez.*

M. de Villiers fut attaché en 1806 au service municipal
de la ville de Paris, et ce fut lui qui exécuta l'un des embel-
lissements dont cette capitale est redevable à la pensée de
Napoléon Ier : l'ouverture de la rue de la Paix et l'abaisse-
ment du boulevard des Capucines. Trois ans après, notre
confrère était chargé du service des ponts et quais de Paris ;
c'est à ce titre qu'il dirigea la reconstruction des quais Desaix, Napoléon et de l'Archevêché ; en mars 1810, il était,
en récompense de ses services, élevé au grade d'ingénieur
de première classe.

Mais un autre ordre de travaux allait bientôt absorber
l'activité studieuse de M. de Villiers et l'enlever définitive-
ment à la grande tâche scientifique que lui avait imposée
son voyage en Égypte : c'était le moment où la France,
se laissant aller aux espérances de paix qu'avait fait concevoir l'union de l'empereur avec une archiduchesse d'Au-
triche, songeait à créer, à l'imitation de l'Angleterre, des
voies nouvelles de communication. Le succès qu'avaient
obtenu, au delà de la Manche, les canaux dont le réseau ne

1. *Antiquités*, Description, t. I.
2. *Ibid.*
3. *Ibid*
4. *Antiquités*, Description, t. II.
5. *Ibid.*
6. *Ibid.*
7. *Antiquités*, Mémoires, t. I

faisait que s'accroître, suggéra aux Français et à l'empereur Napoléon, qui en représentait les instincts, l'idée d'en établir de semblables. On crut un instant que ces voies fluviatiles artificielles étaient destinées à renouveler le commerce et l'industrie ; on ne comptait ni avec la guerre ni avec les chemins de fer, qui devaient, plus tard, faire évanouir une partie des espérances que la création de ces canaux avait fait concevoir. L'un des plus importants qui furent exécutés dans le principe, est le canal Saint-Denis, qui rattache la Seine au bassin de la Villette. M. de Villiers fut chargé, en 1811, de la rédaction des projets et de la surveillance des travaux de ce canal ; il se trouva placé sous les ordres de son ancien chef, M. Girard. Il avait été préparé à l'exécution de cette œuvre, où l'art de l'ingénieur avait besoin de déployer toutes ses ressources, par des études spéciales ; de 1803 à 1813, il avait fait cinq voyages sur les côtes de l'Océan, de la Manche, de la Hollande, et visité les canaux déjà existants en France et en Belgique.

L'invasion vint l'arrêter au milieu de ces occupations conformes à ses goûts et pour lesquelles son intelligence était pleine de ressources et d'aptitude. La France, épuisée d'hommes, était obligée de mettre des armes aux mains de ses plus débiles et de ses plus pacifiques enfants : il n'y avait, pour ainsi dire, plus de fonctions civiles ; toutes les activités étaient dirigées vers la défense du territoire, et les ingénieurs durent à cette époque, prendre la place des officiers du génie. M. de Villiers fut, en conséquence, attaché comme chef de bataillon au corps du maréchal Marmont.

Mais notre confrère avait cet avantage d'avoir fait au début de sa carrière l'apprentissage du métier d'officier. Toutefois, on avait affaire alors à de plus rudes adversaires que les Mamelucks, et au lieu d'une armée pleine d'enthousiasme et de jeunesse, la France n'avait plus à opposer à l'ennemi que des régiments décimés et fatigués par plus de dix années de guerre. M. de Villiers s'acquitta courageusement de ses fonctions et assista à plusieurs des sanglantes affaires qui terminèrent la campagne de France; il était présent à la bataille de Montereau; il construisait un pont provisoire à Nogent pour faire passer l'armée; il partageait les dangers de nos soldats aux combats de Vertus, de Fère-Champenoise et de la Ferté-Gaucher; enfin il prenait part à cette dernière bataille qui ne put sauver Paris. En avril 1814, il était envoyé à Beaugency comme commandant de place. Sa belle conduite le fit proposer par le Ministre de la guerre pour la décoration de la Légion d'honneur, quand trois semaines auparavant il avait déjà reçu une première nomination sur la proposition du Ministre de l'intérieur, en récompense de sa collaboration aux travaux de la commission d'Égypte. Ce double témoignage d'estime, dans un moment où le danger voulait qu'on ne récompensât que ceux qui avaient réellement servi, où les préoccupations de l'intérieur ne laissaient point aux solliciteurs de place dans les bureaux, est un des faits les plus honorables de la vie de M. de Villiers.

A peine avait-il repris ses travaux du canal Saint-Denis, que le retour de l'île d'Elbe le ramenait à l'armée. Cette fois ce n'était plus dans les plaines de la Champagne, qu'il allait couvrir par des fortifications passagères nos troupes menacées, mais au milieu des travaux même auxquels il venait d'attacher son nom. Notre confrère, sous les ordres du général Haxo, eut pour mission de fortifier la ligne du canal Saint-Denis, et il fit exécuter à la Villette des travaux considérables, qui durent être démolis peu de temps après. A la paix, les travaux de ce canal ayant été suspendus, M. de Villiers fut chargé du service des eaux de la Seine et de leur distribution dans Paris, et peu de temps après, il réunissait à son service du canal Saint-Denis, le canal de l'Ourcq, qui allait être poursuivi avec plus d'activité.

Ce n'est point ici le lieu de dire toutes les difficultés que rencontra l'exécution de ce canal, dans laquelle les intérêts d'une compagnïe se trouvaient sans cesse en opposition avec les vues du corps des ponts et chaussées. La grande expérience de M. de Villiers lui suggéra plusieurs projets d'amélioration pour la navigation de la Seine, liée si intimement à l'exécution des nouveaux canaux. Rejetées d'abord, ses idées finirent par prévaloir, et lorsqu'une compagnie eut obtenu la concession du canal Saint-Martin, c'est à M. de Villiers qu'on s'adressa pour ce nouveau projet. Il en dirigea les travaux en qualité d'ingénieur en chef, grade auquel il avait été élevé le 29 janvier 1819. Les hommes de l'art savent quelles difficultés présentait l'exécution d'un canal tracé au milieu de Paris, dont les filtrations en pouvaient amener la submersion partielle et qui devait être en partie souterrain : M. de Villiers se tira de toutes ces difficultés. Si je parlais à des ingénieurs, je leur rappellerais son heureux emploi du béton de sable, son habile exécution d'un radier en glacis; mais ces travaux ont trouvé ailleurs quelqu'un ayant qualité pour en faire ressortir le mérite. En janvier 1826, M. de Villiers avait achevé l'exécution de ce grand projet, qui fait arriver aujourd'hui à Paris les charbons de la Belgique, et qui épargne à nos mariniers les trop longs détours de la Seine. Notre confrère ne quittait un projet que pour s'absorber dans un autre ; il indiquait les moyens d'assainir Vincennes, et son projet recevait une heureuse exécution ; il était un des premiers à proposer de joindre Versailles à Paris par un de ces chemins de fer que tant d'ingénieurs regardaient encore en France comme une ruineuse utopie. Appelé à la fin de 1826 au service plus modeste du pavé de Paris, il trouva le moyen d'apporter dans l'exécution des œuvres en apparence les moins savantes, des améliorations dont nous profitons tous les jours, sans savoir que c'est à lui que nous en sommes redevables.

Tous ces services désignaient naturellement notre confrère à un des postes les plus élevés dans le corps dont il était une des lumières. Le 20 octobre 1830, il était promu au grade d'inspecteur divisionnaire et chargé de l'inspection de Marseille. M. de Villiers avait eu bien souvent occasion de s'assurer combien, en présence des progrès incessants que faisait l'art de l'ingénieur, il devenait nécessaire de réunir dans un recueil spécial, les observations et les découvertes dont tous les constructeurs pouvaient profiter : de là l'idée des *Annales des ponts et chaussées*, qu'il fut assez heureux pour faire accepter au nouveau directeur général, placé, après la révolution de juillet, à la tête du corps, M. Bérard. Notre confrère a consigné dans ce recueil, qui date de février 1831, une foule de notes importantes touchant à tous les points de son art, et qui témoignent, à des degrés divers, de sa sagacité et de sa science. En 1842, M. de Villiers fut élevé au grade d'inspecteur général, après avoir été successivement chargé des inspections de Lyon et de Paris. Il est peu de projets importants sortis du conseil général des ponts et chaussées auxquels M. de Villiers n'ait pris part : le port de Saint-Malo, le barrage du Nil, les ports de l'Algérie, qu'il alla visiter en personne avec une mission du gouvernement, en 1845. Sa parfaite connaissance de notre capitale et ses anciens services militaires pour sa défense, l'avaient fait choisir en 1840, comme membre du comité des fortifications, et en 1848 il était appelé au conseil de perfectionnement de l'École polytechnique et à la commission mixte des travaux publics.

C'est au milieu de cette vie laborieuse et consacrée tout entière au bien du pays, que notre confrère atteignit l'âge de la retraite. Il y fut admis en 1850 : ainsi l'ordonnait la loi ; mais le gouvernement voulut lui donner encore une marque de la haute estime qu'il faisait de ses services, et quand s'approcha le moment où le corps des ponts et chaussées allait perdre son précieux concours, il le décora de la croix de commandeur de la Légion d'honneur. Treize années auparavant, il avait été élevé au grade d'officier.

Malgré ses 70 ans, notre confrère se sentait encore toute l'activité de la jeunesse ; il en avait gardé la chaleur de sentiment. Libre désormais de ses moments, retiré du monde, il revint naturellement aux études archéologiques qui avaient occupé la première moitié de sa vie. C'est alors qu'il exprima le désir d'entrer dans notre Société où malheureusement M. Jollois n'était plus là pour le présenter à nous ; mais tous ceux qui avaient suivi les découvertes de l'archéologie égyptienne étaient depuis longtemps familiarisés avec son nom, et connaissaient la part qu'il avait prise à la discussion soulevée par la question des zodiaques. Même au milieu de ses occupations les plus absorbantes d'ingénieur, notre confrère n'avait cessé de suivre cette mémorable discussion, et en 1834, il avait fait paraître, sous le titre de *Notice sur les calendriers astronomiques*, des observations où il trouva un illustre contradicteur. Notre Société fut heureuse d'ouvrir ses portes à M. de Villiers ; elle l'accueillit avec le respect dû à de longs services, avec l'espérance que sa verte vieillesse serait encore, pour elle, un élément d'activité. Élu membre résidant, le 9 décembre 1852, notre confrère prit une part active à nos travaux. Il nous lut sur un ancien édifice découvert à Cherchell, une notice dont vous avez décidé l'impression[1].

En même temps qu'il prêtait à notre Société le concours de ses lumières, M. de Villiers soumettait à une nouvelle révision ses anciens travaux, et tirait de ses papiers des notices dont il enrichissait la *Revue archéologique*. C'est ainsi qu'il fit paraître un mémoire sur l'*Application de l'astronomie élémentaire à la chronologie égyptienne*, mémoire dont il avait donné lecture à l'Académie des inscriptions et belles-lettres[2] et une *Notice sur l'emploi d'un globe à pôle et méridien mobiles*[3], instrument ingénieux qui donne le moyen rapide de se représenter le firmament tel qu'il était en différents lieux et aux différents âges ; il en revendiquait à

---

1. Voy. les *Mémoires de la Société*, t. XXIII, p. 35 et suiv.
2. *Revue archéologique*, 10e année, pag. 697 et suiv.
3. *Revue archéologique*, 10e année, pag. 697 et suiv.

bon droit l'heureuse idée, ou, pour mieux dire, il faisait voir que, guidé par Ptolémée qui l'avait conçu le premier, il en avait fourni le modèle à M. Poirson.

Malgré ses efforts, M. de Villiers ne se dissimulait pas tous les progrès qu'avait faits, grâce à Champollion et à son école, la connaissance de l'Égypte, depuis qu'il avait travaillé à en fixer les bases. Ces progrès, il n'avait pu les suivre que de loin; mais désireux de pénétrer davantage dans une science qui eût tant servi ses premiers essais, on le vit redescendre volontairement sur les bancs de l'école, et suivre au Collége de France, avec toute l'assiduité d'un jeune néophyte, le cours que faisait dans la chaire de Champollion le plus éminent de ses élèves.

Tout nous faisait espérer que nous posséderions encore longtemps cet excellent confrère. Il y avait à peine quelques mois qu'il nous avait lu une notice biographique sur M. Héricart de Thury[1], lorsque, au milieu d'avril 1855, nous apprîmes qu'une maladie grave menaçait ses jours. Le 21 du même mois il nous était enlevé, et le lendemain, je lui adressais en votre nom, sur une tombe qu'environnait une famille qu'il avait chérie, un triste et dernier adieu.

M. de Villiers du Terrage laisse un fils jeune encore, auquel il a légué l'exemple de ses vertus et comme l'héritage de son art. Un frère lui a survécu, qui s'est fait, dans l'administration et dans les sciences, un nom aussi respecté que le sien, M. le vicomte de Villiers du Terrage, ancien préfet[2] et ancien pair de France. Notre Société gardera toujours pré-

---

1. Voy. l'*Annuaire de la Société* pour 1855.

2. Nous devons rappeler ici un fait qui recommandera toujours à la reconnaissance des archéologues le nom de M. le vicomte de Villiers du Terrage : c'est pendant qu'il était préfet du département du Gard qu'a été achevé le déblayement de l'amphithéâtre de Nîmes, et c'est en grande partie à son zèle et à son amour pour les arts, que l'on doit les travaux de restauration qui ont assuré, pour des siècles encore, la conservation de ce magnifique monument.

cieusement le souvenir de cet honorable confrère, et elle inscrira dans ses annales son nom à côté de celui de M. Jollois dont il a partagé les travaux, et auquel elle le réunit dans une même expression d'estime et de regrets.

TYPOGRAPHIE DE CH. LAHURE

Imprimeur du Sénat et de la Cour de Cassation

rue de Vaugirard, 9

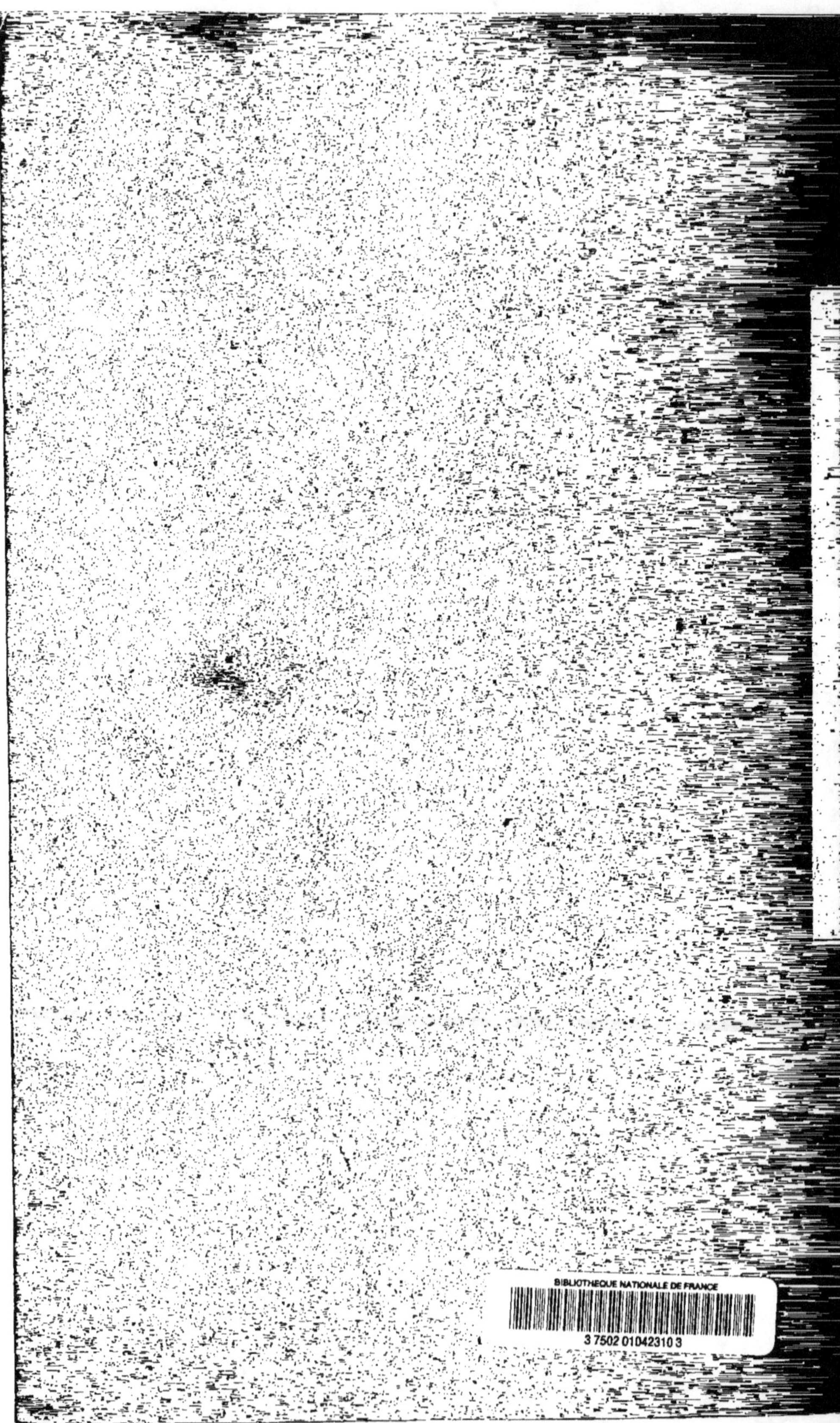